EXTRAITS

DU

PATRIOTE ALBIGEOIS

Prix : 50 Centimes

ALBI

IMPRIMERIE G.-M. NOUGUIÈS

1879

LETTRE

X..., le 17 août 1879.

Monsieur le Rédacteur,

Je viens, en mon nom et au nom de beaucoup de mes confrères, vous remercier pour les articles que vous publiez de temps en temps sur notre archevêque. Ils soulagent un peu notre âme; malheureusement nous ne pouvons nous les procurer que difficilement.

Ne pourriez-vous pas les tirer à part et les mettre en dépôt chez quelques libraires? nous couvririons volontiers les frais en donnant pour chaque article le prix d'un numéro de votre journal.

Toutes ces petites publications de une, deux ou trois pages devraient être dans le même format parce que nous serions bien aises d'en faire la collection sous ce titre : *M. Ramadié, son caractère, ses discours, ses écrits et ses gestes.*

Recevez, monsieur le Rédacteur, etc.,

X..., curé de X...

UNE CIRCULAIRE DE Mgr RAMADIÉ
ARCHEVÊQUE D'ALBI

31 octobre 1878.

Les évêques devraient soumettre à la critique d'hommes éclairés et sincères leurs écrits, au moins ceux qu'ils ordonnent de lire en chaire. C'est une réflexion que ne manque jamais de nous inspirer la lecture des mandements, circulaires et lettres pastorales de Mgr Ramadié.

Si courte que soit sa circulaire sur la mort de Mgr Dupanloup, qu'on a lue dimanche dernier dans toutes les églises du diocèse d'Albi, nous y avons trouvé plus d'une chose regrettable. Nous allons en citer quelques passages afin que nos lecteurs puissent être juges.

Mgr Ramadié s'écrie : « Qui n'a connu son activité dévo« rante (de Mgr Dupanloup). Dès son jeune âge, il fit avec le
« travail un pacte sacré qu'il a observé fidèlement jusqu'à sa
« dernière heure. Il a fallu la voix de l'ange qui a proclamé
« la béatitude de sa mort, *beati mortui*. pour le soumettre à
« un repos qui lui serait un supplice, si, dans le ciel où il
« va le prendre, il ne devait pas continuer ses œuvres, *opera*
« *enim illorum sequuntur illos.* »

Qu'est-ce que cela peut signifier? Comment Mgr Dupanloup
prendra-t-il le repos auquel la voix de l'ange l'a soumis, si
dans le ciel il continue ses œuvres? Est-ce que dans le ciel
il fera encore des brochures contre le roi d'Italie, contre Louis
Veuillot et contre l'opportunité du décret sur l'infaillibilité du
pape? N'est-ce pas abuser de l'Écriture sainte que de la mêler à
de pareilles incohérences comme pour les rendre divines?
L'Apocalypse nous dit que ceux qui meurent dans le Seigneur sont heureux. Pourquoi? parce qu'ils se reposeront de
leurs travaux et que leurs œuvres les suivront. Les œuvres qui
les suivront ne sont donc pas leurs travaux, mais bien les mérites
qu'ils se sont acquis par leurs travaux. Certainement si Mgr Ramadié avait consulté un homme éclairé et sincère, cet homme
lui aurait dit : Monseigneur, voilà un paragraphe qui est obscur
et prétentieux, il faut le remanier.

Continuons les citations : « Qui pourrait raconter les éminents
« services que Mgr Dupanloup a rendus à la religion et au pays
« pendant sa longue vie et surtout pendant ses trente années
« d'épiscopat? A-t-il entrepris une œuvre, a-t-il écrit un livre,
« une lettre, *une ligne* qui ne soient pas des bienfaits publics? »
Ce point d'interrogation, n'est-il pas bien téméraire? Mgr Dupanloup a énormément écrit, et sur des questions qui excitaient
vivement les passions, dans lesquelles des adversaires fort irritants le mettaient personnellement en cause. Est-il certain qu'il
n'ait pas écrit une *ligne qui ne soit un bienfait public?* Il est

certain du moins que Pie IX n'a pas été de cet avis, puisque pendant le concile, il refusa l'autorisation d'imprimer à Rome un travail qu'avait écrit Mgr Dupanloup. Un conseiller éclairé et sincère aurait averti Mgr Ramadié que, dans l'éloge des hommes les plus éminents, il y a une mesure que leur intérêt même demande que nous ne dépassions pas.

Encore une citation, rien qu'une, il faut nous borner. Tout le monde sait que M. Louis Veuillot a écrit, à l'occasion de la mort de Mgr Dupanloup, un article qui a soulevé de très-vives polémiques. Voici comment Mgr Ramadié intervient dans cette affaire délicate : « Dans les rangs ennemis eux-mêmes de la reli-
« gion, la justice a inspiré de nobles gémissements, elle a obtenu
« de douloureux regrets. Plaignons les esprits prévenus et éga-
« rés, qui inspirés par une haine froide, ne respectant pas
« même la majesté de la mort, ont jeté l'outrage sur un cer-
« cueil ouvert, gardé par la vertu et par la gloire, et arrosé
« par les larmes brûlantes du Saint-Père, de l'Église et de la
« France. »

Mgr Ramadié ne se fait pas seulement juge de l'acte extérieur de M. Louis Veuillot, il se fait juge aussi du mobile de cet acte et il déclare que c'est une *haine froide*. Or il conclut : *Et sera notre circulaire lue dans toutes les églises et chapelles de notre diocèse.*

Voilà donc un évêque qui, contre tout droit, flétrit la conscience d'un écrivain subventionné par le pape comme un utile défenseur de l'Église, et qui fait, en quelque sorte, de cette flétrissure, un acte de religion, la mêlant aux offices divins. Nous trouvons cela très-regrettable.

Plus d'un lecteur pensera que nous avons de la bonté de reste pour prendre souci de M. Louis Veuillot. C'est de vous, cher lecteur, que nous prenons souci. Il peut vous arriver de déplaire à votre curé ou à votre vicaire par une conduite un peu inconsidérée et même par une conduite tout-à-fait légitime. S'ils dénoncent vos actes et vos intentions au prône, sans articuler votre nom, mais de manière que personne ne puisse s'y tromper, ils ne feront que suivre l'exemple d'un archevêque. Nous sommes tous intéressés à ce que l'opinion publique devienne toujours plus sévère contre des personnalités commises en chaire.

Mgr Ramadié dira peut-être que nous le calomnions ; qu'il n'a commis aucune personnalité, qu'en écrivant le passage que nous lui reprochons, il n'a pas même pensé à M. Louis Veuillot. Il pourrait dire cela ; nous lui répondrions qu'il devait prévoir que tout le monde verrait Louis Veuillot dans ce passage ; que par conséquent il a au moins manqué à la prudence la plus ordinaire.

(Progrès libéral).   Y ...

Mgr DUPANLOUP & Mgr RAMADIÉ

12 juillet 1879.

La *Semaine religieuse* de samedi dernier, 5 juillet, a annoncé que le *Correspondant* du 25 mai a publié un récit des derniers jours de Mgr Dupanloup ; elle a voulu que ses lecteurs sussent que *cette publication est due à l'archevêque d'Albi* et a reproduit *les quelques lignes que Monseigneur a placées en tête du récit :*

« Les pages émouvantes que l'on va lire, dit l'archevêque, « n'étaient pas destinées à la publicité ; elles ont un caractère « intime qui n'aime pas le grand jour... La pieuse famille à « laquelle elles appartiennent, à tous les titres, a bien voulu « consentir, sur nos instances, à les livrer à l'édification géné-« rale.

« Le moment est venu de faire mieux connaître le défenseur « de *toutes* les saintes causes, de mettre en relief la haute et « profonde piété qui a inspiré *toutes* ses œuvres. »

Un lecteur de la *Semaine religieuse* nous demande si nous pouvons lui dire quels sont les liens si étroits qui ont existé entre Mgr Dupanloup et Mgr Ramadié pour que celui-ci se donne le rôle un peu étrange *d'imposer la publicité à des pages d'un carac-tère intime qui n'aime pas le grand jour.*

— Nous ne connaissons de Mgr Ramadié que les actes les plus bruyants de son administration parmi nous ; si le besoin de sa biographie se fait sentir, nous irons aux renseignements sur les lieux où il est né et sur les lieux où il a exercé son zèle. Dans ce moment nous ne pouvons que répondre ceci à la question qui nous est adressée :

Tout le monde savait que Mgr Dupanloup était le chef de l'opposition dans le concile du Vatican, et M. Emile Ollivier, dans son livre *l'Église et l'État au concile du Vatican*, vient de nous apprendre que Mgr Ramadié a été le membre le plus opiniâtre de cette opposition ; il a pris part à toutes les protestations contre les décisions de Pie IX : contre le règlement du concile, contre la modification de ce règlement, contre la mise en délibération du Schema de l'infaillibilité… Il s'est distingué dans les premières discussions et a été le dernier à abandonner le combat. Sur le premier Schema, le Schema *de fide*, « dans la congrégation du « 10 janvier, nous dit M. Ollivier, Mgr Meignan, de Châlons, et « Mgr Ramadié, de Perpignan, ce dernier conseillé par Mgr Gi- « nouilhac, avaient relevé un peu les affaires de l'opposition. »

Nous ignorons d'où M. le Ministre savait que Mgr Ramadié ne peut pas prononcer un discours qui soit utile à la cause qu'il défend sans être conseillé.

Continuons de citer littéralement notre auteur :

« Dans l'espérance d'éviter le péril prochain qui les menaçait, « les évêques de l'opposition adoptèrent la tactique de parler « beaucoup et de prolonger les discussions…

« Après le nouveau règlement, d'après lequel l'assemblée « pouvait mettre un terme à la discussion en déclarant que la « *chose avait été assez débattue*, une seule ressource reste à l'op- « position, l'intervention du bras séculier ; or le bras séculier, « c'est la France maîtresse de Rome. On travailla donc à obtenir « une intervention quelconque du gouvernement français. »

M. Ollivier, qui était alors ministre des cultes et président du Conseil, qui, par conséquent, connaît mieux que personne cette histoire, raconte les instances des évêques pour obtenir que l'empereur rappelle nos troupes de Rome ou du moins notre ambassadeur. Si ardents qu'ils fussent, ils restaient prudents ; ils ne voulaient pas que leurs démarches prissent aucun caractère officiel, ils ne voulaient pas même qu'elles fussent connues ; c'était, pour M. Ollivier, un motif de les repousser. Il écrivait à l'empereur :

« Les évêques opposants, dès que le concile aura prononcé, se
« soumettront ; ils ne se contenteront pas de nous abandonner
« au milieu des difficultés où ils nous auront entraînés, ils nous
« porteront des coups en même temps que leurs anciens adver-
« saires, et, sur notre dos, ils démontreront la sincérité de
« leur soumission. Ils nous écrivent, nous font dire que le concile
« n'est pas libre ; qu'ils nous dénoncent publiquement la viola-
« tion de leur liberté, que, publiquement, ils nous appellent à
« leur aide, alors nous aviserons, jusque-là restons tranquilles... »

« Cependant le clergé inférieur, sûr cette fois de ne pas en-
« courir de suspense ou d'interdit en élevant la voix, se soulève
« un peu au-dessus de sa glèbe et pousse vers le pape, d'où
« parfois lui est venu quelque secours, une clameur passionnée,
« témoignage de sa reconnaissance... »

« Aux prêtres qui n'ont pas pu se rendre à Rome, Pie IX
« répond par des brefs d'autant plus chaleureux que les témoi-
« gnages de dévouement sont partis des diocèses où siégent des
« prélats contraires à la définition. Aux prêtres d'Orléans il
« exprime que *l'ardeur avec laquelle ils désirent voir les préro-*
« *gatives accordées par le Christ, Notre-Seigneur, à Pierre et à*
« *ses successeurs, exposées d'une manière plus explicite, est d'au-*
« *tant plus admirable que les temps présents paraissent moins*
« *favorables à la libre expression de cette foi et de ce désir.* Aux
« prêtres de Perpignan il dit : *en apprenant que vous êtes placés*
« *dans des conditions plus difficiles, nous n'en sommes que plus*
« *agréablement touché de votre démarche, car la foi qui l'a dictée*
« *ne devient que plus noble et plus précieuse à cause des obstacles*
« *qui s'y opposaient.* Tous ces compliments sont autant de repro-
« ches directs adressés à Mgr Dupanloup, évêque d'Orléans, et à
« Mgr Ramadié, évêque de Perpignan...

« La fatigue avait vaincu tout le monde, le mot *il faut en finir*
« circulait dans toutes les bouches. Mgr Canossa, membre de la
« majorité, était entré en pourparlers avec Mgr Haynald et avait
« proposé à la minorité un accord général pour la clôture de la
« discussion. A cette nouvelle, Mgr Dupanloup court chez Mgr
« Haynald et lui dit : *Monseigneur, vous êtes traître envers la*
« *vérité.* Mgr Haynald le regarde avec hauteur et lui dit, le voyant
« si peu maître de lui-même : *Monseigneur, ne parlons pas de*
« *ce sujet en ce moment.* Le lendemain Mgr Dupanloup, revenu à
« plus de calme, reconnut son tort et s'efforça de l'effacer.
« Dans la congrégation du 2 juillet, on vota par assis et levé
« la rédaction définitive du *prœmium* et des deux premiers
« chapitres du Schema sur l'Église ; vingt-trois orateurs renon-
« cèrent à la parole. En annonçant le fait, le président ajoutait
« un mot d'éloge, *orationi laudabiliter renuntiavit*, et la majo-
« rité répondait par de bruyants applaudissements. Deux évêques
« français, MM^{grs} de Châlons et de Perpignan, eurent néanmoins
« le courage de parler et malgré les interruptions de terminer
« leurs discours. »

Nous trouvons encore Mgr Ramadié parmi les cinquante-
cinq qui, avant de quitter le concile, écrivirent au pape pour lui
dire qu'ils persistaient dans leur vote contre l'infaillibilité.

Il a donc été dans le concile du Vatican un des membres les
plus ardents et les plus opiniâtres, sinon le plus ardent et le plus
opiniâtre de l'opposition dont Mgr Dupanloup était le chef. Nous
estimons qu'il est naturel de penser que, lorsqu'il s'obstine à faire
proclamer en chaire par ses prêtres que Mgr Dupanloup *n'a pas*
entrepris une œuvre, écrit un livre, une lettre, une ligne qui ne
soient pas des bienfaits publics ; à faire répéter par son journal
qu'une piété profonde a inspiré toutes les œuvres de Mgr Dupan-
loup, — ce qui est plus qu'une témérité, — il est poussé par le
désir de s'innocenter lui-même. Peut-on l'approuver sans se
rendre quelque peu coupable envers le concile du Vatican ?

Terminons par un conseil ; si jamais il paraissait à Mgr Ramadié que quelques-uns de ses prêtres soutiennent trop opiniâtre-

ment contre lui et malgré son mécontentement le plus hautement témoigné, ce qu'ils croient être la vérité et la justice, il fera bien de calmer son tempérament en réfléchissant sur sa conduite à l'égard du souverain pontife Pie IX.

UN PRÉLAT QUI N'AIME PAS L'HISTOIRE

31 juillet 1879.

On nous a dit que l'article dans lequel nous rappelions, avec des citations historiques, la conduite que Mgr Ramadié a tenue au concile du Vatican, l'a vivement mécontenté ; cela ne nous a pas étonné. On a ajouté que Sa Grandeur soupçonne un prêtre d'être l'auteur de l'article et que, sur ce soupçon, il veut sévir contre lui. Ceci nous paraît moins naturel.

Nous serions curieux de voir cette cette affaire portée à Rome ; il nous semble impossible que le pape ne déclarât pas : 1º que l'archevêque s'est donné des torts considérables qui tiennent de la récidive ; 2º que dans aucun cas il ne faut condamner un prêtre sur un simple soupçon ; 3º que le prêtre qui aurait écrit l'article en question aurait exercé un droit et même accompli un devoir.

Mgr Ramadié affecte de louer, sans aucune réserve, Mgr Dupanloup ; il donne une espèce de caractère sacré à ses éloges d'où il exclut expressément toute restriction, en les faisant lire sur la chaire de vérité. Or l'évêque de Laval, Mgr Wicart, écrivait dans son diocèse : « Devant Dieu, prêt à paraître à son jugement, je déclare que je préférerais tomber mort sur le champ que de suivre l'évêque d'Orléans dans les voies où il marche. Je sais, j'entends de mes oreilles, je vois de mes yeux ce que font et ce que disent ses adeptes, plutôt mourir à l'instant même que de prêter la main à ces desseins, à ces manœuvres inqualifiables. »

Nous avons des autorités encore plus imposantes pour mettre hors de doute les témérités de Mgr Ramadié ; il fait lire par ses prêtres, dans les églises, que Mgr Dupanloup *n'a pas écrit un*

livre, une lettre, une ligne qui ne soient pas des bienfaits publics.
Si nous ajoutons foi à sa parole, que devons-nous penser de
Pie IX faisant adresser à M. l'abbé Cabrières, maintenant évêque
de Montpellier, auteur d'une réfutation de Mgr Dupanloup, des
remerciements d'avoir réfuté « les vains sophismes ennemis,
seule et unique cause du trouble qui s'est élevé dans les
consciences. »

Tout le monde sait que l'œuvre de Mgr Dupanloup, où il a
mis le plus d'ardeur, a eu pour but d'empêcher le décret de
l'infaillibilité ; or, Mgr Ramadié fait proclamer en chaire que
Mgr Dupanloup *n'a pas entrepris une œuvre qui ne soit un
bienfait public ;* si nous ajoutons foi à sa parole, que devons-
nous penser des évêques, du pape et du Saint-Esprit qui ont
porté ce décret de l'infaillibilité ?

L'opposition du concile du Vatican a dit et s'est efforcée de
prouver que le concile n'était pas libre ; l'affectation de Mgr Ramadié à louer *tous les écrits et tous les actes* de Mgr Dupanloup
le chef de cette opposition, ne doit-elle pas offenser les catholiques, n'est-elle pas un danger pour la foi ?

Pie IX félicitait les prêtres de Perpignan de ce que, malgré
Mgr Ramadié, ils avaient manifesté leurs dispositions en faveur
de l'infaillibilité qu'il s'agissait de définir, il leur écrivait : « En
apprenant que vous êtes placés dans des conditions plus difficiles,
nous n'en sommes que plus agréablement touché de votre
démarche, car la foi qui l'a dictée ne devient que plus noble et
plus précieuse à cause des obstacles qui s'y opposaient. »

Est-il possible que le successeur de Pie IX approuve qu'un
prêtre soit condamné parce qu'il a relevé des écrits de Mgr Ramadié qui peuvent évidemment être tournés contre l'infaillibilité
qui a été définie ? qu'il soit condamné par Mgr Ramadié lui-
même, tout-à-fait intéressé dans la cause, et sur un simple
soupçon ?

Un sage a dit que lorsqu'un homme, arrivé à la maturité de
l'âge, s'est trompé dans une affaire grave, qui était de sa compé-
tence, de son métier et qu'il a longtemps étudiée, il doit trembler

à l'idée d'être chargé d'un gouvernement quelconque et n'aspirer qu'à la vie privée.

Mgr Ramadié ne peut pas douter qu'il ne se soit trompé, dans la pleine maturité de son âge, sur la grave question de l'infaillibilité; au milieu des délibérations les plus propres à éclairer un esprit droit, il a persévéré dans son erreur jusqu'à la dernière extrémité, jusqu'au moment où il aurait fallu se déclarer formellement et publiquement hérétique, ce qui aurait fatalement entraîné la perte de sa magnifique position d'évêque. S'il n'aspire pas à la vie privée, il doit au moins se méfier beaucoup de son jugement et surtout ne pas trouver mauvais que les autres n'accordent pas à ce jugement une confiance entière.

Le pouvoir s'obtient par beaucoup de moyens divers, mais l'autorité s'acquiert seulement par les qualités personnelles et les antécédents. Mgr Ramadié devrait avoir la conscience qu'il lui est impossible d'avoir autant d'autorité qu'il a de pouvoir.

LETTRE

Nous recevons la lettre suivante :

7 août 1879.

Monsieur le Rédacteur,

Nous ne sommes généralement pas assez habiles pour voir où est la fausseté des conclusions que, dans votre article, *un prélat qui n'aime pas l'histoire*, vous tirez des éloges donnés sans réserve à Mgr Dupanloup. Nous ne savons pas voir comment, si on croit à la parole de notre archevêque, on peut croire à l'autorité du concile du Vatican.

Nous espérions trouver dans le journal de l'évêché, qui a paru samedi après le vôtre, quelques explications capables de nous tirer d'embarras; nous n'y avons rien trouvé qui eut trait à votre article. Nous y avons vu seulement que la distribution des prix venait d'avoir lieu au couvent du *Bon-Sauveur* et au couvent de *Notre-Dame*, sous la présidence de M. l'archevêque qui a été, dans l'une et dans l'autre solennité, très-éloquent.

Le *quandoque dormitat Homerus* n'est pas vrai pour notre prélat, il est toujours éloquent au superlatif et quelques fois au delà *quand il dépasse les bornes du sublime*.

La *Semaine religieuse* nous donne, ce qui nous paraissait impossible, une forme nouvelle d'adulation; elle nous dit : « Dans un des morceaux exécutés avec un ensemble et un entrain admirables par les jeunes filles, nous avons entendu exprimer avec beaucoup de grâce, à peu près en ces termes, à Sa Grandeur, cette pensée pleine de délicatesse : *Quand les méchants feront de la peine à votre cœur de père*, venez au *couvent de Notre-Dame*. »

Mgr Ramadié ne s'est entendu dire l'année dernière, par M. le Préfet, aucune de ces douceurs qu'il aime tant; il n'a pas espéré mieux, cette année, de M. Cavalié, voilà pourquoi, sans doute, il n'a pas assisté à la distribution des prix du lycée.

Tous les curés et les vicaires ont fait comme lui; ils avaient parmi les lauréats quelques paroissiens auxquels ils devaient, par convenance au moins, de venir témoigner de l'intérêt; ils l'ont certainement compris, mais....

M. le cardinal de Bonnechose disait dans l'ancien Sénat : « Notre clergé est un régiment, quand nous lui disons de marcher, il marche. »

Cette comparaison n'est pas exacte. Le régiment exécute les ordres de son colonel qui lui sont exprimés; le clergé se conforme de plus aux volontés de son évêque qu'il devine.

Dame ! on a peur; on veut être curé de canton, chanoine, etc., etc.

Un Curé qui ne signe pas parce qu'il serait interdit *s'il signait*.

DISCOURS DE M. BERNARD LAVERGNE

I.

Revenus de l'Archevêque

12 août 1879.

Nous croyons utile d'attirer l'attention des lecteurs du *Patriote* sur les interruptions qu'ils ont trouvées dans le discours de M. Bernard Lavergne qui leur a été donné *in extenso*, jeudi dernier, dans les colonnes de ce journal.

L'honorable député de Gaillac entreprenait de démontrer à la Chambre que le haut clergé a trop, et que par conséquent il faut lui donner moins ; qu'au contraire le bas clergé n'a pas assez et que par conséquent il faut lui donner davantage.

En énumérant les charges qui pèsent sur le budget du bas clergé, il signalait deux faits qui méritent bien en effet d'être signalés, les voici :

1° Les curés ont reçu, pendant longtemps après le concordat, un honoraire pour la messe qu'ils disaient le jour des fêtes supprimées ; les évêques, qui leur avaient fait défendre, par le pape, de recevoir cet honoraire, les y ont fait autoriser plus tard, à condition que chaque curé donnerait à son évêque, pour les œuvres diocésaines, vingt-cinq francs par an. L'administration ecclésiastique a soin que cette condition soit rigoureusement remplie.

2° La plupart des curés sont forcés, les dimanches et les jours de fête, de dire deux messes, l'une pour leurs paroissiens gratuitement, l'autre donnant droit à un honoraire. Les évêques, qui leur avaient fait défendre, par le pape, de recevoir cet honoraire, les ont fait plus tard autoriser à le recevoir à condition qu'ils le leur donneraient pour les universités catholiques. Aucun prêtre qui bine ne peut recevoir un second honoraire qu'à la même condition.

M. du Bodan s'est écrié : « D'où cela est-il tiré ? M. Albert Joly lui a dit : « Vous le démentirez à la tribune. — Oh ! très-facilement, a repris M. du Bodan. »

Or, ce sont des faits qu'il est absolument impossible de démentir, qui sont prouvés par des écrits officiels et par une pratique journalière. — Peut-on désirer une preuve plus éclatante de l'assurance que les conservateurs mettent dans les dénégations les plus téméraires, et de la difficulté que rencontrent les députés qui veulent porter à la tribune la vérité sur les questions religieuses ?

Lorsque M. Bernard Lavergne a répondu à M. du Bodan : « Ce sont des renseignement qui me sont fournis par des prêtres parfaitement informés. » M. le comte de Pérochel s'est écrié : « Quels sont ces prêtres qui s'adressent à vous ! Ce sont des prêtres qui déposent contre leurs évêques. »

Tirons les conséquences de cette interruption : donc, un prêtre ne peut pas parler à un républicain des actes les plus authentiques et les plus publics de son évêque sans mériter le reproche de *dénonciateur* ?

Donc, sans affronter tout ce qu'il y a de menaces dans cette exclamation : *Quels sont ces prêtres qui s'adressent à vous*, un prêtre ne pourra pas *s'adresser* à M. Lavergne, qui est pourtant incontestablement un homme des plus honorables, ayant le souci de connaître la vérité et le courage de la dire, marqué du caractère principal du chrétien qui est d'aimer à être du parti des petits contre les puissants.

Les hommes comme M. le comte de Pérochel prétendent que le clergé ne doit pas remuer un pied contre leur gré. Chaque curé connaît quelqu'un de ces hommes, sans compter son évêque.

Revenons aux interruptions ; l'honorable député de Gaillac, révélant une source de revenus épiscopaux peu connus en dehors du monde ecclésiastique — les revenus dits du secrétariat — dont il a évalué sans aucune exagération, croyons-nous, la moyenne à vingt mille francs, a établi qu'après la diminution proposée par la commission du budget, le traitement des archevêques serait de trente-cinq mille francs. « A cette somme, a-t-il dit, il faut ajouter onze cents francs pour frais de visites pastorales ; or, les évêques, dans leurs tournées qui durent plus du tiers de l'année, sont reçus chez les curés ou dans les couvents ; les visites pastorales sont donc pour eux une économie. »

A ce moment les rumeurs et les interruptions à droite ont été si bruyantes, que M. le Président a dû intervenir par cette réflexion : « Messieurs, vous répondrez ; vos interruptions couvrent la voix de l'orateur. »

Que peut-on imaginer de raisonnable dans ces interruptions ? N'est-il pas évident qu'un évêque étant nourri pendant le tiers de l'année chez ses curés, lui, son grand vicaire, son secrétaire intime, ses domestiques et ses chevaux, réalise, par ce fait, une grosse économie ?

Les interrupteurs pensaient peut-être que les évêques rendent toujours largement l'hospitalité qui leur est donnée ; que leur palais est l'hôtellerie des curés ruraux.

S'ils avaient exprimé cette pensée, M. Lavergne leur aurait répondu qu'il en connaît qui admettent très-difficilement les curés de campagne à la table épiscopale.

M. le comte Le Gonidec de Traissan a combattu la diminution de traitement que soutenait M. Lavergne, par une raison qui est devenue un lieu commun mais qui est restée peu satisfaisante. Il a dit : « Tout ce qui peut excéder les dépenses nécessaires de leur modeste entretien est employé par les évêques à des dépenses de charité dans leur diocèse ; si on diminue leur traitement, ce sera diminuer autant la part des pauvres. »

M. Lavergne aurait pu prouver par des arguments irréfutables qu'il n'en est malheureusement pas toujours ainsi.

On aurait peut-être néanmoins protesté à droite. Il y a nombre de chrétiens qui se font un devoir de religion de protester, à tout hasard, contre tout ce qui pourrait faire croire que les évêques ne sont pas parfaits.

Nous connaissons un grand croyant qui ne voulait pas de cette solidarité de la religion avec ses ministres qu'on s'efforce aujourd'hui d'établir ; qui conservait son franc parler à l'égard des plus hauts personnages de l'église. Nous avons vu dans le *Recueil des Capitulaires*, par Baluze (tome Ier, col. 379), cette question que Charlemagne se proposait de traiter dans une de ses assemblées générales.

« Demander aux évêques et aux abbés de nous déclarer avec vérité ce que veulent dire ces mots dont ils se servent si souvent *renoncer au siècle*, et à quels signes on peut distinguer ceux qui renoncent au siècle de ceux qui suivent encore le siècle. Est-ce à cela seul qu'ils ne portent point d'armes et qu'ils ne sont pas mariés publiquement ? »

Il y a encore une interruption sur laquelle nous désirons nous étendre un peu. Lorsque M. Lavergne a parlé de la conduite de l'archevêque d'Albi contre M. l'abbé Laurens, M. de La Rochefoucauld, duc de Bisaccia, l'a interrompu pour dire : « L'évêque ne pouvait pas faire autrement. » Nous remettons à un prochain numéro nos réflexions sur ce sujet.   E. Dicay.

DISCOURS DE M. BERNARD LAVERGNE

II.

Mgr Ramadié & l'abbé Laurens

16 août 1879.

Lorsque M. Lavergne commença de parler de la conduite de l'archevêque d'Albi contre le curé de St-Jean de Gaillac, M. de La Rochefoucauld, duc de Bisaccia, l'interrompit pour lui dire :
— L'évêque ne pouvait pas faire autrement.

Nous sommes convaincu que si M. le duc de Bisaccia faisait attention aux circonstances de cette affaire, il déclarerait que non seulement l'évêque pouvait, mais encore devait faire autrement, et qu'il le déclarerait avec d'autant plus de vivacité qu'il est meilleur catholique. — Un catholique, en effet, déplorant l'éclat qui vient d'avoir lieu, ne peut pas ne pas sentir que tous les efforts devaient être tentés afin de l'éviter. Or il est impossible de découvrir la trace de cette préoccupation dans aucun des actes de l'évêque.

Nous avons vu une lettre que M. Laurens a écrite de Paris à un de ses amis ; en la lisant, cet ami était affecté d'un vif sentiment de douleur à l'égard du curé de St-Jean, et aussi d'un vif sentiment d'indignation à l'égard de l'évêque. Le curé de St-Jean lui écrivait :

« J'avais été dénoncé pour quelques propos gallicans ; on m'a demandé de les démentir, je n'ai pas voulu, indigné que j'étais. — Le vendredi que vous êtes venu, vous m'avez trouvé à écrire, je travaillais à un écrit pour l'évêque, c'est cet écrit qui m'a fait frapper.

« Je ne vous ai parlé de rien, persuadé que vous me détourneriez, et je ne voulais pas être détourné, irrité que j'étais. — J'ai eu tort peut-être de ne pas vous consulter. — Dieu a voulu que les choses arrivent ainsi ; j'accepte tout pour l'amour de lui.

« Humainement l'affaire a été mal menée : 1° l'évêque pouvait fermer les yeux ; 2° il pouvait me faire appeler et me dire charitablement : soyez plus prudent, ne parlez pas de ces choses-là, vous vous compromettez ; 3° Quand j'ai demandé quelques jours pour réfléchir, prier et demander conseil, il devait me les accorder et ne pas précipiter le coup. »

Quelle est la conscience chrétienne qui ne soit attristée en lisant ces phrases entrecoupées d'un homme qui cède enfin au besoin de s'épancher et ne s'écrie : oh ! que l'archevêque a eu tort !

Il est vrai que M. Laurens a écrit à M. Lavergne : « Je dois dire qu'avant de me frapper l'évêque a eu l'obligeance de m'envoyer son vicaire général ; celui-ci m'exprima la peine que je faisais à mon évêque et à son conseil, il me parla avec intérêt et cordialité, j'étais ému, ébranlé, j'aurais cédé, s'il ne se fût agi de ces deux grandes choses : l'Église et la France. »

On a voulu trouver là la justification de l'évêque ; comme c'est mal juger les choses ! Examinons un peu :

M. Laurens a été dénoncé pour avoir tenu des propos contraires au dogme de l'infaillibilité, cette dénonciation était misérable, car c'était la dénonciation de conversations particulières. L'évêque qui a pris pour devise ces paroles : *la charité peut plus que le pouvoir*, oubliant entièrement la charité pour ne penser qu'à son pouvoir, somme, du premier coup, autoritairement, M. Laurens de démentir les propos qu'on lui prête. Cette sommation brusque a produit l'effet qu'on devait en attendre, vu notre pauvre nature humaine. Par une de ces illusions que crée le sentiment de la dignité blessée, de l'amour propre blessé, si l'on veut, illusions dont nous avons été tous dupes quelquefois, les inquiétudes de conscience, les doutes qu'éprouvait M. Laurens lui apparaissent maintenant comme une conviction, et il répond : Eh bien non, je n'admets pas l'œcuménicité du concile du Vatican.

Que va faire l'évêque ? Les éloges que M. Lavergne a donnés à M. Laurens ne sont pas exagérés. Il est adoré dans sa paroisse de Gaillac où il est depuis 25 ans ; la ville d'Albi, où il a été vicaire et missionnaire dans sa jeunesse, conserve de lui les meilleurs souvenirs ; il n'y a pas de prêtre qui ait un passé plus irréprochable, qui ait plus d'amis parmi ses confrères, il a donc droit à des ménagements particuliers ; d'ailleurs sa défection va causer dans l'Église une peine et un scandale d'autant plus grands qu'il a joui toujours et partout d'une estime et d'une confiance plus grandes. L'évêque va-t-il au moins temporiser quelque peu ? Non, il a dans les mains des lettres qu'il a provoquées, avec lesquelles il peut pousser hors de l'Église un curé vénéré, et il se hâte de le faire.

« Après avoir mûrement examiné, dit-il, les lettres écrites de la propre main dudit prêtre, à la date des 18 et 21 juillet, dans lesquelles il nie expressément et obstinément l'œcuménicité du concile du Vatican et l'infaillible magistère du pontife romain, nous déclarons que ce prêtre est véritablement et formellement coupable du crime d'hérésie. — Par notre sentence contenue dans cet écrit, nous le suspendons et le déclarons suspendu des fonctions sacrées et nous ordonnons que le décret lui soit intimé.

« Donné à Albi, le vingt-cinquième jour du mois de juillet 1879.

« ÉTIENNE-ÉMILE, archevêque d'Albi.

« *De mandato.*

« C. PUEL, vicaire général. »

Remarquez cette date 25 juillet ; les lettres qu'il s'agit de punir du châtiment le plus terrible sont du 17 et du 24 du même mois. L'évêque, n'est-ce pas, n'a pas voulu perdre du temps.

M. Laurens a écrit que l'Évêque a eu l'*obligeance* de lui envoyer un grand vicaire ; quelle *obligeance* grand Dieu ! c'était pour intimer le décret de suspense et avec les instructions les plus rigoureuses, la conduite du grand vicaire le prouve. Dans ce moment, le pauvre curé de St-Jean entendit s'élever en son âme toutes les voix de son passé ; il demanda quelques jours pour réfléchir et pour demander conseil. Ces quelques jours lui furent refusés *de mandato* sans aucun doute. — Tant pis pour ceux qui n'éprouveraient pas ici un sentiment d'indignation ou même qui sauraient le contenir.

C'était donc sous le coup de la menace, pour ainsi dire le couteau sur la gorge, que le curé de St-Jean devait adhérer au concile du Vatican. Une telle situation exalte les âmes fières et les jette quelquefois malheureusement dans un rôle théâtral. Là est l'explication de cette phrase : « Il s'agissait de ces deux grandes choses, l'Église et la France, je n'ai point cédé ; » phrase en dehors du caractère naturellement peu emphatique de M. Laurens.

Mgr Ramadié a-t-il eu peur que, si l'adhésion qu'il demandait n'était pas donnée sur-le-champ et qu'elle fût donnée plus tard, son pouvoir ne parût moins efficace pour changer les esprits que les conseils d'amis, la méditation et la prière ? Jusqu'ici en effet il n'a guère laissé voir de souci que pour son pouvoir.

Mais quel est donc cet évêque qui n'a pas craint de se montrer si impitoyable dans les circonstances que nous venons de raconter ?

C'est un des cinquante-cinq obstinés qui ont écrit la lettre que voici :

« Très-saint père, dans la congrégation générale tenue le 13 de ce mois, nous avons voté sur le *Schema* de la première constitution dogmatique relative à l'Église. Votre Sainteté sait maintenant que quatre-vingt-huit pères, pressés par leur conscience et par leur amour pour l'Église, ont voté *non placet* ; que soixante-deux ont dit *placet juxta modum* ; et enfin que soixante-dix autres n'ont pas paru à la congrégation et ont cru devoir s'abstenir de voter. Il faut ajouter que d'autres pères, soit à cause de l'état de leur santé, soit par d'autres très-graves motifs étaient retournés dans leurs diocèses. Telles sont les conditions dans lesquelles notre vote s'est produit aux yeux de Votre Sainteté et du monde entier. On sait donc maintenant quel nombre considérable d'évêques partagent notre sentiment ; quant à nous, par notre vote nous avons satisfait au devoir que nous avions à remplir devant Dieu et devant l'Eglise. Depuis lors il n'est rien survenu qui ait pu nous incliner à voter autrement ; tout au contraire, certains incidents d'une haute gravité qui se sont produits nous ont affermis encore dans nos premières dispositions, et c'est pourquoi nous déclarons ici renouveler et confirmer les votes précédemment émis par nous. Confirmant donc ces votes par la présente déclaration, nous nous déterminons en même temps à ne pas paraître à la session publique qui doit avoir lieu le 18 de ce mois, car la piété filiale et le respect qui ont amené hier aux pieds de Votre Sainteté notre députation, ne nous permettent pas, dans une question qui touche de si près Votre Sainteté, qu'on peut la considérer comme lui étant personnelle, de dire publiquement et à la face de notre père, *non placet*. D'ailleurs, les votes que nous pensions émettre à la session solennelle ne feraient que répéter les votes déjà donnés par nous à la congrégation générale, nous retournons donc, sans plus de retard aux troupeaux qui nous sont confiés et auxquels, après une si longue absence et au milieu de ces bruits de guerre notre présence est tout-à-fait nécessaire. Désolés de ce que, dans les tristes conjonctures où nous sommes, nous devions trouver les consciences et la paix des âmes si profondément troublées. »

Le souverain pontife n'exigea pas que les signataires de cette lettre, desquels était aussi M. Dupanloup, donnassent sans délai leur adhésion au concile ; il laissa les révoltes de l'amour-propre se calmer. Y avait-il plus de danger à user de longanimité dans le cas de M. Laurens qui n'avait contre lui ni écrit ni acte public, mais seulement des conversations particulières? Si Pie IX avait eu le caractère de Mgr Ramadié, plus d'un évêque aurait encouru l'excommunication.

On nous a rapporté que les chanoines, parmi lesquels M. Laurens avait des amis, — il en avait partout, — condamnant les procédés par trop lestes de l'autorité, auraient dit assez haut qu'avant de frapper il fallait essayer de l'influence des conseils d'amis, et qu'un des membres de l'autorité aurait répondu, nous n'y aurions pas manqué s'il n'y avait eu que ce qu'on croit, mais il y avait autre chose.!

Qu'est-ce qu'il pouvait y avoir? M. Laurens est incontestablement à l'abri des soupçons que l'on suscite presque toujours contre les prêtres qu'on veut perdre.

On a supposé que l'autre chose dont l'autorité ne veut pas parler, c'était le soupçon que M. Laurens était l'auteur d'articles qui ont soulevé de grandes colères; par une coïncidence du moins remarquable, le jour même où l'archevêque lui envoyait un grand vicaire pour lui intimer le décret de suspense, il envoyait un délégué poser à un autre prêtre cette question : Êtes-vous l'auteur des articles qui viennent de paraître dans le *Progrès libéral* et dans le *Patriote?* Avec celui-ci aussi l'autorité est allée vite en besogne; il a répondu : Je désire que la question me soit posée par écrit. Sur cette réponse, sans autre forme de procès, elle lui a interdit de dire la messe dans le diocèse.

Tandis que tous les pouvoirs de nos jours se résignent à être contrôlés et critiqués par la presse, Mgr Ramadié s'emporte devant cette nécessité; il n'est pas invraisemblable que surexcité, par des articles dans lesquels il ne peut rien relever ni contre le dogme, ni contre la morale, ni contre la vérité, mais qui sont de nature à lui être désagréables, il ait voulu frapper en même temps les deux prêtres les plus soupçonnés d'en être les auteurs. Il est au moins incontestable que sa conduite à l'égard du curé de St-Jean ressemble beaucoup à la conduite d'un homme qui venge son amour-propre blessé.

Quelles qu'en soient les causes, un fait a eu lieu que déplorent le clergé et les fidèles du diocèse d'Albi, que déplore l'église catholique toute entière.

Cela serait-il arrivé si nous n'avions pas eu le malheur, toujours de plus en plus vivement senti, de perdre Mgr Lyonnet? Personne, nous en sommes sûr, n'osera répondre oui à cette question.

Nous voulons être parfaitement juste; nous devons donc dire qu'il y a une excuse en faveur de Mgr Ramadié, c'est son tempérament, dont témoigne assez tout son extérieur, qui lui rend infiniment difficile de rester *sui compos*.

Il n'en est pas moins vrai qu'il est très-malheureux d'avoir pour évêque un homme de ce caractère.   E. Dicay.

Attachement filial du Clergé d'Albi à son Évêque.

26 août 1879.

Le *Journal du Tarn*, dans un article emprunté à la *Semaine religieuse*, nous annonce que, « de tous côtés, monseigneur reçoit des adresses et des lettres affectueuses qui lui prouvent le profond dévouement et l'attachement filial de ses prêtres. »

Après cette annonce officielle personne ne gardera aucun doute; mais, s'il en était besoin, on donnerait des preuves plus convaincantes : tout prêtre à qui monseigneur demanderait par écrit : *m'aimez-vous*, répondrait par écrit : *je vous adore*.

> La faim est une porte basse
> Et par nécessité quand il faut qu'il y passe,
> Le plus grand est celui qui se courbe le plus.

L'article dont nous parlons, intitulé *Bulletin du diocèse*, est imprimé dans le journal de l'évêché en caractères les plus solennels. Il nous parle *d'insinuations malveillantes* et *d'attaques calomnieuses qui affligent profondément le vénérable* prélat; nous n'osions pas espérer que la pieuse feuille vînt ainsi justifier ce titre d'un de nos articles : *Un prélat qui n'aime pas l'histoire*.